쓱쓱 싹싹

예쁘게 색칠도 하고 사라진 그림도 찾아 그려주세요

사랑하는 _____ 에게 _____ 가 드립니다

하늘
기획

이스라엘은 하나님께 죄를 지어 바벨론에게 망했어요.
젊고 유능한 사람들과 귀한 보물들을 빼앗겼어요.

4

바벨론 왕은 포로들에게
예절과 학문도 가르치고 궁중음식으로 대접했어요.
하지만 이 음식들은 모두 우상에게 제사 지냈던 것이에요

다니엘과 세 친구들은
우상에게 제사 지낸 음식은 먹지 않고
채소와 과일을 먹게 해 달라고
감독관에게 부탁했어요.

8

어느 날 왕은 이상한
꿈을 꾸고 기분이 나빴어요.
왕은 온 나라의 박사와 마술사들을 불러
꿈의 내용과 그 해석을 알지 못하면
모두 죽이겠다고 했어요.

다니엘과 세 친구는
하나님께 간절히 기도했어요.
모두가 알지 못한 꿈의 내용과 해석을
하나님께서 알게 해 주셨어요.

왕은 다니엘이 믿는
하나님만이 참으로 위대하고
놀라운 신이라는 것을 알았어요.
다니엘을 바벨론의 총독으로 임명했어요.

왕은 금으로 신상을 만들고 절하지 않는
모든 사람은 뜨거운 불 속에 던지겠다고 했어요.
하지만 다니엘의 세 친구는 절하지 않았어요.

다니엘의 세 친구는
아주 뜨거운 불 속에 던져졌어요.
하지만 하나님이 보호 하셔서
불 속에서도 타지 않았어요.

왕은 깜짝 놀라서 세 친구를
불 속에서 나오게 했어요.
왕은 그들이 믿는 하나님을
참 하나님으로 섬기기로 했어요.

바벨론이 망하고 다리오가 왕이 되었어요.
왕은 다니엘의 지혜를 알고 총리로 세웠어요.

22

다니엘을 미워하는 왕의 신하들은 다니엘을 없애기 위해
왕 외에 다른 신에게 기도하지 못하게 하는 법을 만들었어요.

24

신하들의 계략으로 다니엘은
사자 굴에 들어가게 되었어요.
다니엘은 하나님께서 지켜 주실 것을 믿었어요.

오히려 다니엘을 없애려고 했던
신하들이 사자 굴에 던져지게 되었어요.
모두 하나님이 하신 일이예요.

왕은 모든 백성들에게 다니엘이 섬기는 하나님을 섬기도록 명령했어요.

30

다니엘은 어떤 일이 일어나도
하나님께 기도하고 하나님만 최고로 섬겼어요.

예쁘게 색칠하고 세어보세요

사자들의 발톱은 모두 몇 개일까요?　.....................개